"Elegí el Infierno"

Una Obra de:

Darmus Jesus Gonzalez Fuentes

Titulo Original en Español

Elegí el Infierno

Lectura para reflexionar, ser mejores de lo que somos

Primera edición: Diciembre 2024

© Darmus Jesus Gonzalez Fuentes

© Todos los derechos reservados

Kindle Direct Publishing Br. 2024

Paperback edición 2024

DARMUS JESUS GONZALEZ FUENTES
ELEGÍ
EL INFIERNO

Prólogo

Elegí el Infierno

Es una obra retrospectiva e introspectiva, una mirada a la vida desprovista de racionalidad o lógica, porque ya no me preguntó qué hubiese pasado, es más ya no me pregunto nada, porque ya no busco sentido, ya no busco un porque, no busco lógica en los acontecimientos pasados de la vida, de mi vida, o de la vida en sí misma.

Pude haber procurado justificar mis actos, mis ofensas, o mis sentimientos al haber sido ofendido, pero no, ya no es así, debo confesar que antes lo fui. Fui eso y más, fui un ser dormido, al que le molestaba despertar. Pero un día sucedió, me encontré procurando una respuesta lógica y encontré un camino.

Un camino común, una elección, elegí el infierno.

Elegí el Infierno

Durante más de 35 años de deambular, un día despierto y estoy aquí sin ser lo que fui, sin ser lo que soy, nada de lo que he hecho tiene sentido, nada de lo que pensé tiene sentido, solo soy lo que fui y lo que quiero llegar a ser, no soy nada. Mi vida, o mejor dicho la vida transcurrió mientras estaba en un letargo, inconsciente de mi existencia, y del resto del cosmos, un átomo con arrogancia, egocéntrico, procurando su precioso bienestar.

Ya no hay vuelta atrás el arrogante fue arrogante, y el arrepentimiento puede traer dolor, y lo hará; no es la vida soy yo quien ha sido lo que fui, y fui un cubo, o peor aún una letrina, me dejé llenar de desperdicios y vaciar de ellos.

Solo soy un contenedor temporal, tan desechable como una pajilla o un mondadientes, pero incluso más inútil que estos. Todo acaba cuando ya no preguntas tonterías, todo acaba cuando te haces la pregunta correcta, ¿Qué vine a hacer aquí? Y procuras incansablemente encontrarle una respuesta, fuera de la lógica, fuera de tu cuerpo, pero dentro de ti.

Para que preocuparme por lo lógico, por lo conveniente, si lo más importante es lo que es correcto, porque en realidad soy un ser que puede tener elecciones, soy un ser que puede tomar sus propias elecciones y así comenzó mi odisea.

Elegí seguir a quien no se debía seguir, mi letargo me condujo una y otra vez por el mismo sendero, yo creyendo ser el más lógico y racional cometiendo una y otra vez las mayores estupideces, y las circunstancias dándome con todo hasta desbaratarme una y otra vez, yo el engreído cayendo y levantándome, sobre la misma putrefacción, y peor aun disfrutando de esta, aquí es cuando me gustaría decir que mis escusas son perfectas, aunque lo son para volver a caer una y otra vez, mi favorita es la que otros usan con tanta convicción que se la creen durante toda su vida, "errar o equivocarse es de humanos y yo soy humano" es tan patético estar tan certeramente convencido de tan gran idiotez, es denigrante hasta para nuestros ancestros físicos los primates.

Entre otras estupideces creer que hay dioses de mi parte permitiéndome hacer las mayores estupideces es uno de los más grandes y patéticos sin sentido existentes, hoy no me puedo permitir ese lujo de tanto detrimento del ser.

Cuando tenerlo todo no es tener nada, por el contrario, es perderlo todo, y continúo eligiendo estar vacío, voy por el mundo, o mejor dicho por la parte a la que puedo ir y comportarme más estúpidamente de lo que normalmente puedo hacerlo, es un gran subidón que cuando ya no está me permite volver a deprimirme por millonésima vez.

Tal vez nunca sepa poner los pies sobre la tierra, y eso es lo que hará que este cuerpo regrese a ella sin ser más y mejor en su memoria.

Yo elegí creer, si creer en que aprender de memoria era una mejor versión de mí, aprender lo que otros crearon, es la mejor manera de comprender lo que solo yo puedo comprender, yo elegí mutilar mi vida, ceder un trozo a cada estupidez que otros dan por hecho, otros que tienen como máxima la distorsionada consigna de que "hay que vivir el momento porque la vida es una" craso error otra gran estupidez, hoy me pregunto ¿Cómo puedo haber creído tan ciegamente en eso, que hace que millones creamos en eso, tan falso?

A cada paso hay una elección del siguiente paso, del siguiente rumbo, yo elegí tanto y tantas veces como pude, decidí elegir al creer o no en familiares, en amigos, en allegados, e incluso en amores, si en el amor, elegí creer en eso o elegí creer en la persona por la que lo sentía, son miles de elecciones las que tome, tantas que probablemente ya no las recuerdo todas.

Como recordar mi primera elección, como saber si esa elección la tome aquí o la tome allá, en aquel lugar si es que es un lugar el sitio de dónde vengo. Como saber cuándo elegí, hoy quiero creer que elegí allá, y que lo hice para poderme sentir orgulloso de lo que he hecho aquí, o para poder justificar lo que perdí, o lo que gane, si es que gane o si es que perdí. Al igual que todos los demás que están aquí, hemos perdido o hemos ganado, y cuando elegimos que es lo que perdemos, ¿Qué es lo que ganamos? Elegí hacer las preguntas, luego elegí hacer la pregunta correcta, para llenar un vacío, y esa respuesta me llevo a un resurgimiento existencial, ¿Ahora soy un ser despierto, o aún soy un ser dormido?

¿Cómo saber que la respuesta a mi pregunta es la correcta?

Elegí hacer la pregunta ¿Cuál es la razón de existir aquí? Y la respuesta es "estoy aquí para ser mejor de lo que soy, al igual que todos los seres que existen aquí y ahora", esto no tiene nada que ver con la pregunta porque la pregunta es mi pregunta y yo estoy dando una respuesta, después de tanto deambular por la vida es la única respuesta que encuentro que escapa a la lógica y a todo raciocinio elementalmente egoísta y unipersonal.

Estoy aquí para ser mejor ser del que soy al igual que el resto de los seres existentes en el cosmos, y si solo elegí esta respuesta sobre otras respuestas, ¿Cuál sería la respuesta? Los más cómodos no desean hacer la pregunta, mucho menos encontrar la respuesta, pero abrazan alegremente la pregunta y la respuesta de otro personaje que edita sus apariciones en este escenario de la vida.

Luego están los detractores de las ideas y pensamientos esos que son capaces de quemar el planeta si pudiesen, solo por hacer respetar las conjeturas de otros seres tan arrogantes y egoístas como lo soy yo, para los que hemos leído un poco de historia lo tenemos claro, cada guerra, cada batalla se ha fundamentado sobre una ideología sin preguntas y sin respuestas y las que han tenido ambas si las han revelado no las han podido explicar, y si las han explicado cada quien que diga haberlas entendido, probablemente o no las ha entendido o las ha entendido, comprendido y aplicado a su discreción.

Y así ha sido y así será, mientras existamos seres sin hacer la pregunta y sin buscar la respuesta, hay que enfocarse en lo que importa, y lo que importa está aquí y ahora dentro de cada uno esperando ser hallado.

Me continuare extendiendo unas cuantas palabras más, total estamos aquí porque elegí el infierno, elegí creer, elegí seguir y elegí amar, si esas y muchas cosas más elegí, así como elegí escribir, cantar, oír, escuchar. También elegí callar, omitir, culpar, absolver, elegí miles y miles de veces, elegí proclamar así soy y así seré, solo debía concluir colocando la palabra estúpido seguida de ignorante.

Otra bajeza de mi condición decir que así soy y así seré, cada palabra que coloco aquí me hace impresionarme aún mas de mí, creo que no me conocía tan bien como creía conocerme en realidad soy tan infeliz, ahora estaré confundido como puedo llegar a ser tan extraordinariamente detestable, y magníficamente estúpido y arrogante.

Sin lugar a dudas he sido un estúpido de los más grandes que han podido existir, digo que, si eso es existir, estimado lector no me leas o mejor dicho no me continues leyendo no sea que te veas reflejado en mí, y tu historia digo si es que esto puede ser una historia se parezca a la mía, un verdadero fracaso existencial, de verdad espero, haber elegido allá y no aquí. Porqué así tendré la excusa para decir que no fue mi culpa. ¿Y a quien echaré la culpa? Eso si voy a tener que procurar responder pronto. Yo creo que la culpa es mía, más aún sin embargo quisiera que tu escribas aquí ___________________ tu respuesta; porque yo elijo por mí, pero no voy a elegir por ti, ¿Puedo? si puedo elegir, ¿Debo? no debo elegir, quieres la respuesta consíguela, porque después me echaras la culpa si algo sale mal.

De allí que otros suelen decir "lo que es bueno pal pavo es bueno para la pava" asumo que esto se aplica a cuando de preparar pavo al horno o algo similar, que culpa tendrán los pavos, o las pavas, para que en nuestra ignorancia los utilicemos así, una justificación injustificable, sin embargo, mi respuesta a la gran pregunta se corresponde indirectamente con la frase, lo único que nos sirve a todos es que nos ocupemos de ser mejores de lo que somos. Estoy totalmente seguro que el 100% de las personas utilizan la frase del pavo en un sentido y forma totalmente incongruente con la respuesta, no voy a preguntarles en qué sentido utilizan la frase, pero se me viene ciertas ideas a la mente, justificar lo injustificable, pero así es la distorsionada formación humana evolucionada bajo la influencia condición del letargo o su maravilloso sueño despierto.

Hoy quisiera continuar contándote más, pero ya es hora de descansar, una hora en un tiempo que no existe, y en momento que no es nuestro si no somos conscientes de ello, así que mañana continuo, y recuerda pensar en lo más importante, que puede ser según tu caso, en la pregunta, en la respuesta o tal vez en lo que quieres que suceda.

Volviste, aun estas aquí, no siempre todos vuelven, lo sé por mi experiencia casi nunca volvía y cuando volvía no traía ni pregunta, ni respuesta y ni siquiera una esperanza muerta de lo que esperaba que sucediera.

Filosofar sobre la vida o cualquier otra cosa es aburrido, por eso es mejor quedarse dormido, la frase rima, pero ya yo no quiero dormir, mis ganas de estar despierto han vencido a mis ganas de dormir y estar sumido en un eterno letargo, he vuelto a elegir por mí, y para mí.

Hoy recuerdo haber elegido un sentimiento de tristeza, ese sentimiento que trae una perdida, el hambre, la sed, o cualquier otra carencia, incluso la carencia de querer, o de amor, son tantas emociones y tantos sentimientos elegibles para padecer que sin importar lo que representen, en ese momento son como una entidad que sustrae tus energías y una vez mas caes, colapsando tu ser.

Me recuerdo ingrato, con la existencia, disfrutando de placeres sin medida, eligiendo lo que ya alguien más había elegido, hoy quiero volver a elegir el mejor momento que he tenido, hoy solo elijo, lo que nunca elegí vivir. Es hora de ser mas del cosmos y menos del ego, del razonamiento y de mí.

Elijo el camino largo, empinado que me enseñe a resistir, donde el contacto con la tierra me haga mejor ser, esa es la elección correcta ahora lo sé, elijo creer en mi y en lo que soy capaz de crear, elijo la libertad de pensar y cuestionar, elijo aprender, elijo la curiosidad de saber, elijo crecer.

Antes podía elegir sin pensar, hoy puedo elegir sin razonar, por eso he comprendido que la mejor elección será el infierno, este infierno de dudas y enseñanzas, este infierno sin esperanza, esa esperanza que te debilita el alma, y que no te permite elegir sin consultarla, porque la esperanza, el miedo, el odio, la ira el rencor, la tiranía, e incluso aquellos que se dicen buenas personas, son una elección errónea, elijo ser arrojado, elijo ser directo, elijo el infierno que contiene la verdad.

Elijo el infierno por saber que es algo que he superado, elijo lo correcto con su tormento, elijo el fuego que hace la marca en quien se prepara para ser mejor de lo que ya es.

Elegí el infierno por la comodidad que da, elegí el infierno por la iluminación que brinda a cada despertar, hoy elegí como ayer cuando elegí preguntar y encontrar la respuesta, lo satisfactorio es elegir, porque al realizar una elección nos apartamos del calvario, pero ¿Qué podemos elegir? ¿Y cuándo podemos elegir?

Yo puedo haber elegido, amar y odiar, querer y detestar, encontrar u olvidar, sin importar la elección solo puedo querer volver a elegir, al hacer una elección pude o no tomar en cuenta lo que realmente depende de mí, y allí radica una gran diferencia, en el resultado proyectado sobre eso que elegí. Pero al elegir también elegí que el resultado fuera influenciado por las circunstancias externas, esas circunstancias que yo no puedo controlar, pero por eso cada cosa en su lugar.

Elegí el infierno sin saber cual es mi primera elección, y aquí continúo buscando más respuestas a preguntas racionalmente incorrectas, ¿Porque y para qué? Busco sentido carente de lógica, o busco la lógica para que tenga sentido, recuerdo haberme visto en esa situación una y otra vez. Y cada elección eran diez pasos atrás, un camino sin sentido, o mejor dicho sin dirección, voy hacia donde me llevan las elecciones de otros, pienso que mi mente sabe mejor que yo lo que quiero y le permito que me utilice, le permito todo con tal de no admitir que no sé qué elegir.

Por eso siempre elegí culpar a otros de mis fracasos y adversidades, esas situaciones que me condujeron a peores elecciones, a caminos llanos llenos de espinas venenosas, con situaciones deshonrosas a diestra y siniestra, por eso hoy estoy aquí feliz de haber elegido el infierno.

Hoy elegí el infierno de la introspección, la verdad es que no nos gusta reconocernos, algunos eventualmente alegamos que no tenemos tiempo para ello, que el tiempo es un lujo y hay que utilizarlo en alguna no elección, cuando elegí el infierno no tenia idea de lo esplendoroso que seria el camino, tengo que ser honesto al principio es una elección dolorosa, es una elección molesta e incómoda, es una elección que te cuestionas y vuelves a cuestionar, porque es una elección incomoda, que te saca de tu rutina y la rutina es como una entidad, capaz de quitarte la tranquila cuando estas experimentando algo nuevo.

Yo elegí el infierno y no me arrepiento, porque también aprendí que el arrepentimiento es como el miedo, no te permite avanzar, y para poder elegir hay que comprender que lo mejor es lo que pasa después de lo que pasa.

Elegí el infierno consciente de que la inconsciencia es lo que afecta, porqué al elegir el infierno no hay marcha atrás o avanzas o avanzas, o te encuentras o te encuentras, porque al elegir el infierno recordaras tu verdadera procedencia, tu verdadero origen y el porqué de tu existencia.

Elegí el infierno de caminar en cualquier lugar especialmente a la orilla del mar, elegí el infierno de apreciar todo absolutamente todo lo que existe y cuánto me rodea.

Estimado lector me gustaría poder narrarte todo cuanto ha influido en mi para elegir al infierno, pero un libro no bastaría son mas de 35 años de letargo vagando en mí, y eso necesita mucha tinta y papel para narrarse, así que no tendría sentido contarte cuantas estupideces he decidido hacer antes de decidir elegir el infierno. Espero haber elegido allá en ese lugar de donde sea que venga, ya que sin lugar a dudas debe ser un lugar mejor que este donde decidí estar, sin embargo, elegí el infierno y es para poder aprender lo que pueda convertirme en un mejor ser de lo que yo puedo ser.

Yo elegí el infierno.

Elegí el Infierno

Yo elegí el infierno de vivir:

Sin miedo.

Sin temor.

Sin cargas.

Sin juzgar.

Sin mentiras.

Sin sueños.

Sin un por qué.

Sin un camino.

Sin complicaciones.

Sin la verdad.

Sin tener que estar presente.

Sin que otros condicionen mi existencia.

Sin no querer controlar, lo que no puedo controlar.

Simplemente elegí vivir, simplemente vivir, y alcanzar lo mejor de mi en este presente.

Elegí el Infierno

Otros títulos y obras del autor:

- <u>**¿Y si no son humanos?**,</u> aquí teorizamos la condición a la que pertenecen quienes controlan el poder económico y político mundial.

- <u>**Placeres capitales**</u>, abordamos lo que nos han impuesto a negarnos durante miles de años.

- <u>**El Troyano Imperialista, Fidel Castro Ruz**,</u> descubriremos un lado más oscuro del personaje principal.

- <u>**Amor ecuación de vida**</u>, tratamos las mal formaciones del amor y sus deliberadas aplicaciones para desvirtuar la realidad.

Otros títulos del autor tratando otro tipo de temas literarios son:

- <u>**Poemas y unas frases más**</u>, versos, poemas y frases.

- Poemas, canciones y unas frases más, versos, poemas, canciones y frases.

- **Sexo Consentido Divan & sus historias**, Literatura erótica en historias cortas.

- **Haitex I, el caballero de la rosa de piedra**, Fantasía fantástica aventuras para hacer justicia. Primer libro.

- **Haitex II, el caballero de la rosa de piedra**, Fantasía fantástica aventuras para hacer justicia. Segundo libro.

- **Suerte, Hija de la Diosa Buena Fortuna**, Este libro sobre la Suerte, quiere brindarte un concepto más oportuno y real sobre está y lo que representa en la vida de todos, de una manera práctica, encontraras que la suerte se debe crear en cada uno de nosotros, ya que la suerte no es más que esa oportunidad que nos llega cuando hacemos las cosas correctas, estamos obligados por naturaleza a crear la suerte ya

que es una bendición de la fuente de
la vida.

**Títulos de Canciones escritas por el
mismo autor, puede escucharlas reali-
zando clic sobre el título:**

- **"Del Infierno al Amor"** intitulada **"Si
Amarte es pecado del Infierno Soy Amo"**
Entre las distracciones existe una de-
formación que nos implantan para ha-
cernos creer en otras cosas que no
aplican a la realidad, nos desvían de
lo realmente importante solo para man-
tenernos aquí, sumidos en desdicha,
ilusiones y fantasías adictivas.

- **"Cenizas de Ayer"** Podemos interpretar
la canción como la interpretación del
adiós más virtuoso que puede existir,
sin embargo, también me recuerda que
no se dé dónde vengo hasta que lo
pienso, y así derribo las paredes,
para hacer una puerta que me dé la libertad, superando el engaño con el que
he estado aquí prisionero.

- **"Espejismo de libertad"** Un llamado a
reflexionar sobre el entorno que nos
rodea, ese fantástico entrono que nos
consume en una realidad inexistente,

donde somos el alimento de las entidades que se hacen llamar dioses, la presente canción es parte de la serie de canciones que he escrito para expresar el camino a seguir.

- **"Cósmico"** El reconocimiento de nuestro verdadero ser y el origen del mismo desde una fuente cósmica universal que provee todo lo existente, sin distención de forma, color o experiencia, somos uno en todo y todo en uno, la presente canción es parte de la serie de canciones que he escrito para expresar el camino a seguir.

- **"Poder Interior"** La resiliencia del ser humano para renovarse en cada aspecto nos revela nuestra capacidad para poder iniciar una vez más ante cada adversidad que se presenta, más aún sin embargo, nuestro poder interior, es lo realmente efectivo para superarnos a nosotros mismos, debemos reconocer lo que somos realmente para dar el siguiente paso, la presente canción es parte de la serie de canciones que he escrito para expresar el camino a seguir.

- "**<u>Luz de Plata</u>**" ¿Que serás realmente Luna? Un enigma, un vigilante, un carcelero, una distracción o el infierno.

- "**<u>Objetivo</u>**" Comprender que hacemos aquí, prepararnos mientes estemos aquí, será lo que nos va a permitir mejorar todas las cosas existentes, somos miles de millones y debemos avanzar en un mismo sentido, en un <u>objetivo común</u>. Se debe procurar "Ser mejores de lo que somos nosotros mismos, solo hay que ser mejores de lo que fuimos ayer, no hay que ser mejor que otro ser humano, eso no es lo importante" ante la fuente somos iguales, solo nos han raptado para que no lo podamos comprender y nos encaminemos por el camino correcto hasta alcanzar nuestra máxima elevación existencial.

Gracias por haber llegado hasta aquí, recuerda comentarme y suscribirte a mis redes, seamos parte del proceso de crecimiento aportemos nuestra parte.

Elegí el Infierno

Sobre el autor:

Darmus Jesús González Fuentes, nació en Barquisimeto, estado Lara, Venezuela, en el año 1975, creció en Ciudad Guayana, una hermosa y pujante ciudad industrial ubicada al margen derecho del imponente Río Orinoco, emigro en el año 2017 debido a la mala situación política, económica y social de Venezuela, residió en Ecuador durante los años 2017 a octubre de 2019 y España desde 2019, hasta mayo del año 2023, mes a partir del cual reside en Brasil, en Venezuela se dedicó durante más de 20 años a laborar en el sector comercial de ventas al mayor y menor. Su pasión por la literatura se incrementó a raíz de la difícil época de confinamiento, ya que desde muy joven escribía y coleccionaba cortas frases, versos, y poemas de su autoría, los que en aquel lejano momento no pensaba llegaría a plasmar en algún libro. Entre las lecturas que más aprecia están los libros que tratan sobre aventuras de ficción, los de desarrollo y crecimiento personal, y los de poesía. Se considera un ciudadano del mundo ya que el catálogo de razas, categorías y otras etiquetas no está impreso de manera natural en los seres humanos.

Cree en la Fuente de la vida de donde provienen todas las cosas existentes y las que podemos llegar a crear, solo hay que hacerlas posibles para el bienestar de la humanidad y en consecuencia del mundo.

"Nada de lo existente fuera de mi puede afectarme"

"Solo debemos ser mejores, mejores que nosotros mismos, es el objetivo común y universal"

Formas de contacto.

Email:

darmusg@gmail.com

darmus879@gmail.com

Instagram:

darmusescritor

Página web:

https://darmusjesusgonzalezfuentes.webnode.es/

Facebook:

https://www.facebook.com/
DarmusJesusGonzalezFuentes

TikTok:

darmusescritor

Googlear:

Darmus Jesus Gonzalez Fuentes

LinkedIn:

www.linkedin.com/in/darmus-jesus-gonzalez-fuentes-comercio-internacional-autor-escritor

YouTube:

**https://www.youtube.com/
@DarmusGonzalezFuentes**

https://www.youtube.com/@darmusg

Página de Autor en Amazon:

Darmus Jesus Gonzalez Fuentes